COLEC

SERIE TEOLOGÍA

LA DOCTRINA DE DIOS

Volumen 1

Reiner González

Colección: GPS Recursos
Serie: Teología

Autor: Reiner González
Prólogo: Dr. José Luis Torres A.
Edición: Tania González
Diseño: Yissel A. Iracheta M.

Publicado por GPS Recursos
Sello editorial de Gospel Partners Serving, Inc.
Florida, Estados Unidos
https://www.gpsministries.org

Primera edición: 2026

ISBN: 979-8-9952386-0-7

Dedicado a todo cristiano que
desee conocer, adorar y servir a Dios

Libros de la Serie Teología

1. La Doctrina de Dios.
2. La Doctrina de la Biblia.
3. La Doctrina de Jesucristo.
4. La Doctrina del Espíritu Santo.
5. La Doctrina del Hombre.
6. La Doctrina del Pecado.
7. La Doctrina de los Ángeles.
8. La Doctrina de la Salvación.
9. La Doctrina de la Iglesia.
10. La Doctrina de las Últimas Cosas.

CONTENIDO

Prólogo

En un tiempo cuando los círculos cristianos cada vez se caracterizan más por su superficialidad y sensacionalismo que por su solidez doctrinal, se hace necesario que el pastor, también comisionado como maestro, se esfuerce por alimentar la grey del Señor con sana doctrina. Pablo le advierte a Timoteo que en los últimos tiempos: "… no sufrirán la sana doctrina" (2 Timoteo 4:3); y a Tito le encarga hablar "con lo que está de acuerdo con la sana doctrina "(Tito 2:1).

El hermano Reiner González ha hecho un magnífico trabajo al coleccionar estas lecciones bíblicas sobre la doctrina de Dios (Teología Propia), para la capacitación de cualquier siervo de Cristo interesado en arraigarse en la sana doctrina, de una manera sencilla, al alcance de cualquier laico, sin perder la minuciosidad que requiere la materia.

Es mi privilegio recomendar este pequeño libro a todo aquel que quiera afianzarse firmemente en los fundamentos de la fe cristiana para no ser llevado de todo viento de doctrina.

Dr. José Luis Torres A.

Prefacio

La doctrina de Dios ocupa un lugar primario en toda reflexión teológica coherente. No constituye simplemente un capítulo dentro del sistema doctrinal cristiano, sino el fundamento sobre el cual descansa la totalidad del edificio teológico. La comprensión que se tenga acerca de la naturaleza y el carácter de Dios determinará, en última instancia, la forma en que se articulan la salvación, la iglesia, la adoración y la vida cristiana en general.

Este libro inaugura la serie "Teología" dentro de GPS Recursos, el proyecto editorial de *Gospel Partners Serving, Inc.*, concebido con el propósito de proveer materiales doctrinales sólidos para la formación ministerial en iglesias locales, procesos de discipulado e institutos bíblicos del mundo hispanohablante.

La convicción que dio origen a esta serie es que la claridad doctrinal no es un lujo académico, sino una necesidad ministerial. La iglesia requiere enseñanza sistemática que sea bíblicamente fiel, conceptualmente ordenada y pedagógicamente accesible.

El presente libro no pretende reemplazar los grandes tratados históricos de teología sistemática ni entrar en discusiones académicas especializadas que exceden su propósito formativo. Su objetivo es presentar de manera clara y estructurada las enseñanzas fundamentales de la Escritura acerca del ser, los atributos y la obra providencial de Dios, de modo que puedan ser comprendidas, enseñadas y aplicadas con precisión en el contexto de la iglesia local.

Este trabajo ha sido desarrollado, impartido y refinado en escenarios reales de enseñanza teológica, donde la fidelidad bíblica, la claridad conceptual y la aplicación ministerial práctica del conocimiento teológico resultan indispensables. Se ha procurado mantener un equilibrio entre accesibilidad y rigor, evitando tanto la simplificación superficial como la complejidad innecesaria. Cada capítulo busca fundamentar sus afirmaciones en la autoridad de la revelación escrita y mostrar las implicaciones espirituales que se derivan de conocer correctamente a Dios.

La teología, entendida bíblicamente, no es una especulación abstracta acerca de lo divino, sino la respuesta reflexiva a la auto-revelación de Dios en la Escritura. Por esta razón, el estudio de la doctrina de Dios debe conducir no solo a mayor precisión doctrinal, sino también a una vida caracterizada por reverencia, confianza y obediencia.

Mi oración es que este primer volumen de la serie "Teología" contribuya al fortalecimiento doctrinal de iglesias locales y a la formación de líderes que comprendan que toda reforma espiritual auténtica comienza con una visión elevada del Dios santo, eterno y soberano que se ha dado a conocer en Su Palabra.

Reiner González

INTRODUCCIÓN GENERAL

La Necesidad de una Teología Bíblica Sólida

La palabra teología significa literalmente estudio de Dios. Sin embargo, en sentido más amplio, la teología sistemática es la disciplina que organiza y presenta de manera coherente todo lo que la Biblia enseña acerca de un tema específico.

La teología sistemática no reemplaza la exégesis bíblica; depende de ella. Primero se estudia el texto en su contexto. Luego se sintetiza la enseñanza bíblica total sobre un asunto. Finalmente, se formula la doctrina de manera clara y ordenada. En este sentido, la teología sistemática es simplemente la Biblia organizada temáticamente.

Este libro parte de una convicción fundamental: la Biblia es la revelación inspirada, suficiente y autoritativa de Dios. Toda afirmación doctrinal presentada en estas páginas debe estar fundamentada en el testimonio bíblico. No apelamos a la tradición como autoridad final, ni a la filosofía como criterio determinante, ni a la experiencia subjetiva como fuente normativa. La Escritura es la norma suprema de fe y práctica.

Este libro sigue un método teológico sencillo:

1. Exposición bíblica del tema.
2. Síntesis doctrinal.
3. Formulación clara y sistemática.
4. Aplicación pastoral y práctica.

El propósito no es presentar debates académicos exhaustivos ni interactuar extensamente con todas las corrientes teológicas contemporáneas. Tampoco pretende ser un tratado filosófico. Más bien, busca ofrecer una exposición bíblica sólida y accesible que sirva como recurso formativo para creyentes, mientras son enseñados en la Escuela Dominical, los programas de discipulado, o el Instituto Bíblico local.

Particularmente, en asuntos relacionados con la doctrina de Dios, la precisión no es opcional. A lo largo de la historia, errores aparentemente pequeños han producido distorsiones graves en la fe cristiana. Una comprensión inadecuada de la Triunidad de Dios, por ejemplo, conduce inevitablemente a un concepto erróneo de Cristo y del evangelio.

Por esta razón, aunque esta obra busca ser accesible, no renuncia a la claridad doctrinal, procurando que el contenido sea comprensible y útil para el lector.

El estudio de la doctrina de Dios no tiene como propósito meramente informar la mente, sino formar el corazón. La teología verdadera conduce a la adoración. Conocer a Dios correctamente debe producir reverencia, humildad, confianza y obediencia.

"Porque de él, y por él, y para él, son todas las cosas. A él sea la gloria por los siglos. Amén." (Ro. 11:36).

Que el estudio de estas páginas no solo ilumine el entendimiento, sino que también exalte al Dios que se ha dignado revelarse.

PARTE I
FUNDAMENTOS DE LA TEOLOGÍA PROPIA

1. Introducción a la Teología Propia.

Toda la teología cristiana comienza con Dios. Antes de examinar la naturaleza del hombre, la doctrina de la salvación, la iglesia o los eventos futuros, es necesario comenzar con la realidad fundamental que sustenta todo lo demás: la existencia del Dios eterno.

La disciplina que estudia a Dios mismo se denomina tradicionalmente teología propia. El término proviene del griego *theos* (Dios) y *logos* (estudio o discurso).

En su sentido más amplio, la teología es el estudio de Dios y de su revelación; sin embargo, en el lenguaje técnico de la teología sistemática, la expresión "teología propia" se refiere específicamente al estudio del ser, carácter y atributos de Dios.

Este estudio es fundamental porque toda doctrina cristiana depende de la comprensión correcta de Dios. Si nuestra visión de Dios es defectuosa, inevitablemente todas las demás áreas de la teología también se verán afectadas. Una comprensión equivocada de Dios conduce a una comprensión equivocada del pecado, de la salvación, de la iglesia y de la vida cristiana.

Por esta razón, la Biblia coloca a Dios en el centro absoluto de toda la realidad. El primer versículo de la Escritura establece esta verdad sin argumento previo:

"En el principio creó Dios los cielos y la tierra." (Génesis 1:1).

La Escritura no comienza intentando probar la existencia de Dios mediante razonamientos filosóficos. Más bien, presenta la existencia de Dios como la realidad fundamental sobre la cual descansa toda la creación.

Dios es anterior a todas las cosas. Antes de que existiera el tiempo, el espacio o la materia, Dios ya existía. Él no es parte del universo; Él es el Creador del universo.

Esta distinción entre Dios y la creación es absolutamente esencial para la fe cristiana. Dios es eterno, autosuficiente e independiente. Todo lo demás existe únicamente porque Dios lo ha creado y lo sostiene.

La importancia del conocimiento de Dios

El conocimiento de Dios no es simplemente un tema académico. En la Escritura, conocer a Dios está directamente relacionado con la vida espiritual y con la verdadera sabiduría. El profeta Jeremías declara:

"Mas alábese en esto el que se hubiere de alabar: en entenderme y conocerme." (Jeremías 9:24).

Este conocimiento no se limita a una comprensión intelectual de conceptos teológicos. Conocer a Dios implica una relación personal con Él basada en su revelación.

En el pensamiento bíblico, el conocimiento de Dios incluye tres dimensiones:

1. Comprensión intelectual de quién es Dios.
2. Reconocimiento espiritual de su autoridad y majestad.
3. Relación personal basada en fe y obediencia.

Por esta razón, el conocimiento de Dios transforma la vida del creyente. Aquellos que conocen verdaderamente a Dios desarrollan una visión correcta de la vida, del pecado, de la gracia y de la eternidad.

El teólogo inglés J. I. Packer expresó esta realidad de manera clara cuando afirmó que el conocimiento de Dios es la fuente de la verdadera grandeza espiritual.

Teología y adoración

Uno de los errores más comunes es pensar que la teología es simplemente una actividad intelectual reservada para académicos o seminaristas. Sin embargo, en la Biblia la teología siempre conduce a la adoración.

Cada vez que la Escritura revela algo acerca de Dios, el resultado natural es la reverencia y la adoración.

Cuando el profeta Isaías contempló la santidad de Dios, su reacción inmediata fue reconocer su propia pecaminosidad:

"¡Ay de mí! que soy muerto; porque siendo hombre inmundo de labios..." (Isaías 6:5).

Cuando el apóstol Pablo reflexionó sobre la sabiduría de Dios en el plan de salvación, estalló en adoración:

"¡Oh profundidad de las riquezas de la sabiduría y de la ciencia de Dios!" (Romanos 11:33).

La verdadera teología nunca produce arrogancia intelectual. Produce humildad, reverencia, adoración y servicio.

El problema moderno: un concepto reducido de Dios

Uno de los mayores problemas de la iglesia contemporánea es la tendencia a reducir el concepto de

Dios. En muchos contextos religiosos, Dios es presentado principalmente como una fuente de ayuda personal, bienestar emocional o prosperidad material.

Aunque Dios ciertamente se interesa por las necesidades de su pueblo, esta visión reducida de Dios ignora la grandeza de su naturaleza.

La Biblia presenta a Dios como:

- el Creador del universo
- el Señor soberano de la historia
- el Juez justo de toda la humanidad
- el Dios santo que aborrece el pecado

Cuando la iglesia pierde de vista la grandeza de Dios, también pierde el sentido de reverencia, santidad y temor de Dios.

El propósito de este libro

Este libro tiene un propósito específico: presentar de manera clara, bíblica y sistemática las principales enseñanzas de la Escritura acerca de Dios, no solo con el objetivo de informar, sino de formar, enfatizando que la teología sana conduce a la adoración reverente y, en consecuencia, al servicio fiel.

La comprensión correcta de la doctrina de Dios no es un asunto secundario en la vida cristiana. De ella dependen la estabilidad doctrinal, la profundidad de la adoración, la fidelidad en la predicación y la confianza en la providencia divina. Cuando la visión de Dios se debilita, inevitablemente se debilita también la vida espiritual de la iglesia.

No pretende ser un tratado académico exhaustivo comparable a los grandes volúmenes de teología sistemática. Más bien, busca ofrecer una exposición sólida y accesible de la doctrina de Dios que pueda servir como recurso para creyentes, líderes, maestros de escuela dominical e institutos bíblicos locales.

A lo largo de los capítulos siguientes examinaremos temas fundamentales como:

- la existencia de Dios
- la revelación de Dios
- los atributos de Dios
- la triunidad de Dios
- la providencia de Dios

Nuestro objetivo final no es simplemente aumentar el conocimiento teológico, sino conducir al lector a una comprensión más profunda del carácter de Dios y a una vida cristiana marcada por reverencia, humildad y obediencia.

2. La necesidad de conocer a Dios.

El conocimiento de Dios constituye el fundamento de toda verdadera religión. Desde el principio de la historia humana, el hombre ha buscado comprender la realidad última que gobierna el universo. Sin embargo, la Biblia enseña que el conocimiento verdadero de Dios no se origina en la especulación humana sino en la revelación divina.

El problema fundamental del ser humano no es simplemente la ignorancia intelectual acerca de Dios, sino su inclinación moral a rechazar el conocimiento de Dios. El apóstol Pablo explica esta realidad en Romanos 1, donde afirma que el hombre posee suficiente revelación de Dios en la creación, pero deliberadamente la rechaza.

"Porque habiendo conocido a Dios, no le glorificaron como a Dios, ni le dieron gracias." (Romanos 1:21).

Este texto revela que el problema humano no es la ausencia de evidencia acerca de Dios, sino la corrupción del corazón humano. El pecado ha distorsionado la percepción espiritual del hombre, de modo que tiende a reemplazar al Dios verdadero con concepciones falsas de la divinidad.

La idolatría intelectual

La idolatría no se limita a imágenes físicas de dioses falsos. También puede manifestarse en conceptos incorrectos acerca de Dios. Cada vez que el ser humano crea una imagen mental de Dios que contradice la revelación bíblica, está participando en una forma de idolatría intelectual.

En la historia de la humanidad han surgido múltiples visiones equivocadas acerca de Dios:

Politeísmo
La creencia en múltiples dioses, característica de muchas religiones antiguas.

Panteísmo
La idea de que Dios es idéntico al universo, común en algunas filosofías orientales.

Deísmo
La creencia de que Dios creó el mundo, pero ya no interviene en él.

Ateísmo

La negación de la existencia de Dios.

Cada una de estas perspectivas falla porque contradice la revelación bíblica acerca de Dios.

El conocimiento de Dios transforma la vida

Conocer verdaderamente a Dios produce una transformación profunda en la vida del creyente. La Escritura describe múltiples consecuencias espirituales del conocimiento de Dios.

Produce reverencia

Cuando el hombre comprende la grandeza de Dios, desarrolla un profundo sentido de reverencia.

"El temor de Jehová es el principio de la sabiduría." (Proverbios 9:10).

Produce humildad

La contemplación de la gloria de Dios revela la pequeñez del ser humano.

"He aquí que soy vil; ¿qué te responderé? Mi mano pongo sobre mi boca." (Job 40:4).

Produce confianza

El conocimiento del carácter de Dios fortalece la fe del creyente. Si Dios es soberano, sabio y bueno, entonces el creyente puede confiar en Él incluso en medio de circunstancias difíciles.

"Y sabemos que a los que aman a Dios, todas las cosas les ayudan a bien, esto es, a los que conforme a su propósito son llamados." (Romanos 8:28).

Produce adoración

El resultado natural del conocimiento de Dios es la adoración.

"¡Oh profundidad de las riquezas de la sabiduría y de la ciencia de Dios! ¡Cuán insondables son sus juicios, e inescrutables sus caminos! Porque ¿quién entendió la mente del Señor? ¿O quién fue su consejero? ¿O quién le dio a él primero, para que le fuese recompensado? Porque de él, y por él, y para él, son todas las cosas. A él sea la gloria por los siglos. Amén." (Romanos 11:33–36).

Produce servicio

La teología sana produce servicio. El conocimiento verdadero del carácter de Dios no puede quedarse en el ámbito intelectual; transforma el corazón y se manifiesta en obediencia práctica. Quien ha comprendido quién es Dios responde con entrega, dedicando su vida a Su voluntad y sirviéndole al servir a los demás.

"Así que, hermanos, os ruego por las misericordias de Dios, que presentéis vuestros cuerpos en sacrificio vivo, santo, agradable a Dios, que es vuestro culto racional." (Romanos 12:1).

El conocimiento de Dios en la vida cristiana

La vida cristiana no consiste simplemente en aceptar ciertas doctrinas abstractas. La fe cristiana es una relación viva con el Dios verdadero.

Jesús afirmó que el conocimiento de Dios está directamente relacionado con la vida eterna:

"Y esta es la vida eterna: que te conozcan a ti, el único Dios verdadero." (Juan 17:3).

El objetivo final del estudio teológico no es acumular información religiosa, sino conocer más profundamente al Dios que se ha revelado en las Escrituras.

3. La existencia de Dios.

Una de las preguntas más fundamentales en la filosofía y la teología es la cuestión de la existencia de Dios. A lo largo de la historia, numerosos pensadores han intentado demostrar la existencia de Dios mediante argumentos racionales.

Sin embargo, la Biblia adopta un enfoque diferente. La Escritura no intenta demostrar la existencia de Dios mediante razonamientos filosóficos complejos; simplemente presenta su existencia como un hecho evidente.

Desde el primer versículo de la Biblia, Dios aparece como la realidad fundamental.

"En el principio creó Dios los cielos y la tierra." (Génesis 1:1).

La revelación de Dios en la creación

Aunque la Biblia no intenta demostrar la existencia de Dios en términos filosóficos, sí enseña que la creación proporciona evidencia suficiente de su existencia.

El apóstol Pablo explica que el universo revela aspectos del poder y de la naturaleza de Dios.

"Porque las cosas invisibles de él, su eterno poder y deidad, se hacen claramente visibles desde la creación del mundo." (Romanos 1:20).

La complejidad y el orden del universo apuntan hacia un Creador inteligente.

Argumentos clásicos acerca de la existencia de Dios

A lo largo de la historia, varios argumentos filosóficos han sido utilizados para demostrar la existencia de Dios. Aunque estos argumentos no reemplazan la revelación bíblica, pueden ayudar a mostrar que la fe cristiana es racionalmente coherente.

El argumento cosmológico

El argumento cosmológico parte de una observación fundamental acerca de la realidad: todo lo que comienza a existir tiene una causa. Nada surge de la nada. Este principio no es simplemente una afirmación teológica, sino una intuición racional básica confirmada por la experiencia cotidiana y por la reflexión filosófica. Si algo empieza a existir, debe haber una explicación adecuada para su existencia.

Aplicado al universo, este argumento sostiene que el cosmos no es eterno en el sentido absoluto. Tanto la evidencia científica contemporánea como la reflexión filosófica apuntan a un inicio del universo en el tiempo. Si el universo tuvo un comienzo, entonces no puede ser la causa de sí mismo. Debe existir una causa trascendente que esté más allá del espacio, del tiempo y de la materia.

Esa causa primera no puede ser contingente ni dependiente, pues entonces requeriría una causa adicional. Debe ser necesaria, eterna y autosuficiente. En términos teológicos, esta descripción corresponde a lo que la Escritura revela acerca de Dios como el Ser eterno que existe por Sí mismo y que es el origen de todas las cosas (Génesis 1:1; Salmos 90:2).

El argumento teleológico

El argumento teleológico, también conocido como argumento del diseño, observa el orden, la regularidad y la complejidad del universo. Desde la precisión de las constantes físicas hasta la estructura altamente organizada de los sistemas biológicos, el cosmos exhibe una coherencia que difícilmente puede atribuirse al azar puro.

La complejidad funcional de la vida, la interdependencia de los sistemas naturales y la estructura matemática del universo sugieren intención y propósito. Cuando observamos un objeto complejo y ordenado, como un reloj o una máquina, inferimos naturalmente la existencia de un diseñador. De manera análoga, el diseño observable en la naturaleza apunta hacia una mente inteligente que ha dispuesto todas las cosas con sabiduría.

Este argumento no pretende explicar todos los detalles del proceso creativo, sino señalar que el orden no es producto de la casualidad ciega. La Escritura afirma que los cielos cuentan la gloria de Dios y que la creación manifiesta Su poder y deidad (Salmos 19:1; Romanos 1:20). El diseño observable es un testimonio de la sabiduría y propósito del Creador.

El argumento moral

El argumento moral parte de la experiencia universal de la conciencia humana. En todas las culturas existe alguna noción de bien y mal, justicia e injusticia. Más aún, los seres humanos no solo actúan moralmente, sino que reconocen obligaciones morales que consideran vinculantes.

Si la moral fuera meramente producto de preferencias personales o convenciones sociales, no existiría una base objetiva para condenar la injusticia o afirmar la dignidad humana de manera universal. Sin embargo, el ser humano percibe ciertas normas morales como obligatorias independientemente de opiniones individuales.

La existencia de una ley moral objetiva implica la existencia de un Legislador moral trascendente. Las normas morales no pueden originarse en procesos materiales impersonales, sino en una fuente personal que posea autoridad moral. La Escritura enseña que la ley de Dios está escrita en el corazón del hombre (Romanos 2:14–15), lo cual señala hacia un Dios santo cuya naturaleza constituye el estándar último de la moralidad.

La negación de Dios en la Escritura

La Biblia describe el ateísmo no simplemente como un error intelectual, sino como una necedad moral.

"Dice el necio en su corazón: No hay Dios." (Salmos 14:1).

Esta declaración no implica que todos los ateos carezcan de inteligencia, sino que la negación de Dios contradice la evidencia que Dios ha revelado en la creación.

4. La revelación de Dios.

Si el ser humano ha de conocer verdaderamente a Dios, ese conocimiento debe provenir de Dios mismo. La mente humana, por sí sola, no puede descubrir la naturaleza de Dios de manera completa.

Por esta razón, la Biblia enseña que Dios ha decidido revelarse.

La revelación divina puede entenderse como el acto mediante el cual Dios da a conocer verdades acerca de sí mismo que de otra manera permanecerían ocultas.

Revelación general

La revelación general es la manifestación de Dios a través de la creación y de la conciencia humana. El universo mismo da testimonio de la existencia de Dios:

"Los cielos cuentan la gloria de Dios." (Salmos 19:1).

La Biblia enseña que la ley de Dios está escrita en el corazón del hombre:

"… mostrando la obra de la ley escrita en sus corazones, dando testimonio su conciencia, y acusándoles o defendiéndoles sus razonamientos." (Romanos 2:15).

Esta revelación es accesible a todas las personas, independientemente de su cultura o contexto histórico.

Revelación especial

La revelación especial es la comunicación directa de Dios a través de medios específicos.

Entre los principales medios de revelación especial encontramos:

- las Escrituras

- la encarnación de Cristo
- la obra del Espíritu Santo

La revelación suprema en Cristo

La revelación más clara de Dios se encuentra en la persona de Jesucristo. El evangelio de Juan afirma:

"A Dios nadie le vio jamás; el unigénito Hijo… él le ha dado a conocer." (Juan 1:18).

Jesucristo no solo enseñó acerca de Dios; Él mismo es la revelación perfecta de Dios.

La inspiración de las Escrituras

Las Escrituras constituyen la forma escrita de la revelación divina. La Biblia no es simplemente un libro religioso más; es la Palabra inspirada de Dios.

"Toda la Escritura es inspirada por Dios." (2 Timoteo 3:16).

Esto significa que la Biblia comunica con autoridad las verdades que Dios ha decidido revelar.

5. La cognoscibilidad de Dios.

Uno de los temas fundamentales en la doctrina de Dios es la cuestión de si el ser humano puede conocer verdaderamente a Dios. La Biblia presenta una tensión que debe mantenerse cuidadosamente: por un lado, Dios es infinito e incomprensible; por otro lado, Dios se ha revelado de tal manera que puede ser conocido de manera verdadera.

La teología cristiana clásica ha afirmado históricamente ambas verdades simultáneamente. Dios es incomprensible, pero cognoscible.

Esto significa que el ser humano nunca podrá conocer a Dios de manera exhaustiva, pero sí puede conocerlo de manera real y verdadera.

La incomprensibilidad de Dios

La incomprensibilidad de Dios se refiere al hecho de que la mente humana no puede abarcar plenamente la totalidad del ser divino. Dios es infinito, eterno y trascendente. La mente humana, en contraste, es finita y limitada.

El salmista expresa esta realidad con gran claridad:

"Grande es Jehová, y digno de suprema alabanza; Y su grandeza es inescrutable." (Salmos 145:3).

El término "inescrutable" señala que la grandeza de Dios no puede ser completamente investigada ni comprendida por la mente humana.

El profeta Isaías también enfatiza esta verdad:

"Porque mis pensamientos no son vuestros pensamientos, ni vuestros caminos mis caminos, dijo Jehová." (Isaías 55:8).

La distancia entre Dios y el hombre no es simplemente cuantitativa sino cualitativa. Dios es el Creador; el hombre es criatura. Dios es infinito; el hombre es finito.

El peligro de trivializar a Dios

Uno de los errores más comunes en la teología popular es reducir a Dios a una categoría que pueda ser completamente comprendida por la mente humana.

Cuando el hombre intenta hacer a Dios completamente comprensible, inevitablemente termina creando una versión reducida de Dios que se ajusta a sus propias expectativas.

Este proceso ocurre frecuentemente en la cultura moderna. En muchos contextos religiosos, Dios es presentado principalmente como una figura terapéutica que existe para satisfacer las necesidades emocionales del ser humano.

Sin embargo, el Dios de la Biblia es infinitamente más grande que cualquier concepto humano.

El conocimiento verdadero de Dios

Aunque Dios es incomprensible en su totalidad, la Escritura afirma claramente que el ser humano puede conocer verdaderamente a Dios.

Este conocimiento es posible porque Dios ha decidido revelarse.

El conocimiento de Dios no es el resultado del descubrimiento humano, sino de la auto-revelación divina.

Jesús declaró:

"Nadie conoce al Padre, sino el Hijo, y aquel a quien el Hijo lo quiera revelar." (Mateo 11:27).

Esto significa que el conocimiento verdadero de Dios depende de la iniciativa divina.

Conocer a Dios por analogía

La teología cristiana ha explicado el conocimiento de Dios utilizando el concepto de analogía. Esto significa que el lenguaje humano puede describir verdaderamente a Dios, pero nunca de manera exhaustiva.

Por ejemplo, cuando la Biblia afirma que Dios es Padre, no significa que Dios sea idéntico a los padres humanos. Más bien, el concepto humano de paternidad refleja de manera imperfecta la realidad divina.

De esta manera, el lenguaje bíblico comunica verdades reales acerca de Dios, aunque siempre de forma limitada.

El conocimiento de Dios y la vida eterna

La Escritura presenta el conocimiento de Dios como el corazón mismo de la vida eterna.

Jesús dijo:

"Y esta es la vida eterna: que te conozcan a ti, el único Dios verdadero, y a Jesucristo." (Juan 17:3).

Este conocimiento no es meramente intelectual. Implica una relación personal con Dios basada en la fe y en la obra redentora de Cristo.

PARTE II
LA NATURALEZA Y LOS ATRIBUTOS DE DIOS

6. La naturaleza de Dios.

La naturaleza de Dios se refiere a aquello que Dios es en su esencia. Cuando la teología habla del "ser de Dios", está intentando describir las características fundamentales que distinguen a Dios de toda la creación.

La Biblia presenta a Dios como un ser único, distinto de todo lo que existe.

Dios es espíritu

Jesús enseñó una verdad fundamental acerca de la naturaleza divina:

"Dios es Espíritu." (Juan 4:24).

Esta afirmación implica varias realidades importantes.

Primero, Dios no posee un cuerpo físico. Dios no está limitado por las restricciones materiales que caracterizan a la creación.

Segundo, Dios no está sujeto a las limitaciones espaciales que afectan a los seres físicos.

Tercero, Dios es invisible en su esencia.

Dios es infinito

La infinitud de Dios significa que Dios no está limitado por nada fuera de sí mismo.

El universo posee límites. Incluso las estrellas más grandes tienen dimensiones finitas. Sin embargo, Dios no está sujeto a ninguna limitación.

El profeta Jeremías declara:

"¿No lleno yo, dice Jehová, el cielo y la tierra?" (Jeremías 23:24).

Dios es eterno

La eternidad de Dios significa que Dios existe sin principio y sin fin.

El Salmo 90 declara:

"Antes que naciesen los montes y formases la tierra y el mundo, desde el siglo y hasta el siglo, tú eres Dios." (Salmos 90:2).

A diferencia de la creación, Dios no tuvo un comienzo.

Dios es inmutable

La inmutabilidad de Dios significa que Dios no cambia en su esencia, carácter o propósitos.

El profeta Malaquías declara:

"Porque yo Jehová no cambio." (Malaquías 3:6).

Esta verdad proporciona una profunda seguridad para el creyente. Si Dios cambiara, sus promesas podrían perder su confiabilidad.

7. Los atributos incomunicables de Dios.

Al estudiar los atributos incomunicables, debemos recordar que no estamos analizando partes de Dios, sino contemplando aspectos de Su ser que distinguen radicalmente al Creador de la criatura. Estos atributos subrayan la trascendencia divina: Dios es independiente, eterno, inmutable e infinito en una manera que ninguna criatura puede compartir.

Cuando afirmamos que Dios es auto existente, eterno u omnipresente, no describimos cualidades añadidas a Su esencia, sino la manera en que Su ser único e infinito se manifiesta. Cada uno de estos atributos expresa la plenitud de Su naturaleza divina desde una perspectiva particular. No hay fragmentación en Dios; Su eternidad es inmutable, Su inmutabilidad es eterna y Su omnipresencia es expresión de Su infinito ser.

Cuando afirmamos que los atributos no son partes de Dios, estamos reconociendo lo que históricamente se ha llamado la simplicidad divina. Dios no está compuesto de elementos ni cualidades separables. Él no "tiene" eternidad como si fuera algo añadido a su ser; Él es eterno. No "posee" omnipotencia como un atributo externo; Él es poder infinito en Su misma esencia.

Esta verdad protege la doctrina de Dios de concepciones erróneas que imaginan a Dios como un ser compuesto o divisible. En Dios no hay composición, evolución ni desarrollo. Su ser es uno, perfecto e indivisible.

Estos atributos, por tanto, no solo nos informan acerca de Dios, sino que nos colocan en nuestro lugar: criaturas dependientes delante de un Dios absolutamente autosuficiente y soberano. La contemplación de estas verdades produce humildad, reverencia y confianza.

Los atributos incomunicables son aquellos que pertenecen exclusivamente a Dios y que no pueden ser compartidos con las criaturas.

Entre estos atributos se encuentran:

- auto existencia
- eternidad
- omnipresencia
- omnisciencia
- omnipotencia

La autoexistencia de Dios

La autoexistencia se refiere a la autosuficiencia absoluta de Dios.

Dios no depende de nada ni de nadie para existir.

Toda la creación depende de Dios, pero Dios no depende de la creación.

Pablo expresó esta verdad cuando predicó en Atenas:

"Ni es honrado por manos de hombres, como si necesitase de algo." (Hechos 17:25).

La auto existencia divina se expresa también en la revelación del nombre "Yo soy el que soy" (Éxodo 3:14). Esta declaración indica que Dios existe por Sí mismo y no deriva su ser de ninguna fuente externa. Él es el fundamento último de toda realidad. Mientras la creación depende del Creador, y los mecanismos por Él establecidos, Dios es necesario.

La dependencia es característica de toda criatura. La independencia absoluta es característica exclusiva del Creador.

La eternidad de Dios

La eternidad significa que Dios existe fuera de las limitaciones del tiempo.

Dios no experimenta el tiempo de la misma manera que las criaturas. Para Dios, el pasado, el presente y el futuro están igualmente presentes ante su conocimiento.

La eternidad divina no debe entenderse simplemente como duración infinita dentro del tiempo, sino como trascendencia del tiempo. Dios no está limitado por la sucesión temporal como las criaturas. Él es "desde el siglo y hasta el siglo." (Salmoss 90:2).

Esta verdad garantiza que los propósitos divinos no están sujetos a desgaste ni a incertidumbre histórica.

La omnipresencia de Dios

La omnipresencia significa que Dios está presente en todo lugar, todo el tiempo, al mismo tiempo.

El Salmo 139 describe esta verdad con gran belleza:

"¿A dónde me iré de tu Espíritu?" (Salmos 139:7).

La omnipresencia no implica que Dios sea idéntico a la creación (panteísmo), ni que esté distribuido en partes por el universo. Dios está plenamente presente en todo lugar, sin dejar de trascender la creación. Su presencia no es material, sino espiritual y soberana.

No existe lugar en el universo donde Dios no esté presente.

La omnisciencia de Dios

La omnisciencia significa que Dios conoce todas las cosas.

Dios conoce:

- todos los eventos pasados
- todos los eventos presentes
- todos los eventos futuros

Nada puede sorprender a Dios. La omnisciencia divina incluye no solo conocimiento factual, sino conocimiento perfecto del corazón humano. "Porque Jehová escudriña los corazones de todos." (1 Crónicas 28:9). Esta verdad produce reverencia y elimina toda pretensión de ocultamiento delante de Él.

La omnipotencia de Dios

La omnipotencia significa que Dios posee todo poder.

Jesús declaró:

"Para Dios todo es posible." (Mateo 19:26).

Sin embargo, la omnipotencia divina no significa que Dios pueda actuar en contradicción con su propia naturaleza. Dios no puede mentir ni pecar, porque tales acciones contradicen su carácter santo.

La omnipotencia divina no significa la capacidad de realizar absurdos lógicos, como crear un círculo cuadrado, o una piedra tan pesada que ni Él mismo puede levantar, o dejar de ser Dios. La verdadera omnipotencia consiste en poder hacer todo lo que es coherente con Su naturaleza perfecta y santa.

Implicaciones espirituales de los atributos incomunicables

Los atributos incomunicables de Dios tienen implicaciones prácticas para la vida cristiana. No son especulación abstracta, sino el fundamento de seguridad espiritual.

- La auto existencia de Dios garantiza que nuestra salvación no depende de una fuerza contingente.
- La eternidad divina asegura que sus promesas no caducan.
- La omnipresencia produce reverencia y consuelo.

- La omnisciencia elimina el orgullo humano y fomenta la humildad.
- La omnipotencia fortalece la confianza en medio de pruebas.

Si Dios estuviera limitado, entonces no podría sostener debidamente la fe. Un Dios cambiante no podría garantizar esperanza. Pero el Dios eterno, independiente y soberano es absolutamente digno de confianza.

8. Los atributos comunicables de Dios.

Los atributos comunicables de Dios son aquellas perfecciones divinas que, aunque pertenecen a Dios de manera absoluta e infinita, también pueden reflejarse de forma limitada en las criaturas humanas. No se trata de una participación en la esencia divina, sino de un reflejo derivado que procede del hecho de haber sido creados a imagen de Dios.

La diferencia entre Dios y el hombre permanece infinita. Dios posee estas perfecciones en grado absoluto, independiente e inmutable; el ser humano las manifiesta de manera finita, dependiente y siempre imperfecta. Sin embargo, precisamente porque el hombre fue creado a imagen de Dios, está llamado a reflejar, en su esfera limitada, aspectos del carácter moral del Creador.

Entre los atributos comunicables más importantes se encuentran:

- santidad
- amor
- justicia
- bondad
- verdad
- fidelidad
- misericordia

Estos atributos revelan el carácter moral de Dios y establecen el fundamento ético de la vida cristiana. No solo describen quién es Dios, sino también cómo debe vivir el creyente que ha sido renovado conforme a Su imagen.

La santidad de Dios

La santidad es posiblemente el atributo moral más central de Dios en la Escritura. En muchas ocasiones la Biblia describe a Dios utilizando este término para enfatizar su absoluta pureza moral.

En una cultura que tiende a redefinir a Dios según las preferencias humanas, la santidad divina nos recuerda que Dios no es moldeado por el pensamiento contemporáneo. No es un ser cuya voluntad se ajuste a las sensibilidades cambiantes de la sociedad. Su carácter es eternamente puro y Su ley moral permanece firme. La contemplación de Su santidad confronta toda forma de superficialidad espiritual y nos llama a una reverencia que va más allá de la emoción pasajera.

El profeta Isaías tuvo una visión de la gloria de Dios en el templo y escuchó a los serafines proclamar:

"Santo, santo, santo, Jehová de los ejércitos." (Isaías 6:3).

La repetición triple del término "santo" es significativa. En la literatura hebrea, la repetición enfatiza la intensidad del concepto. Al repetir la palabra tres veces, el texto comunica la santidad absoluta de Dios.

La santidad divina implica al menos tres aspectos.

Pureza moral

Dios es completamente puro y libre de pecado. En Dios no existe ninguna forma de maldad o corrupción.

"Dios es luz, y no hay ningunas tinieblas en él." (1 Juan 1:5).

Separación moral

La palabra "santo" implica separación. Dios es completamente distinto de la creación y completamente separado del pecado.

El profeta Habacuc manifestó esta verdad, cuando dijo:

"Muy limpio eres de ojos para ver el mal, ni puedes ver el agravio." Habacuc 1:13.

Dios no puede ni tolerar el pecado ni convivir con él.

Majestad moral

La santidad también comunica Su majestad moral. La santidad divina inspira reverencia y temor.

El libro de Job lo expresa de esta manera:

"Sí, por cierto, Dios no hará injusticia, y el Omnipotente no pervertirá el derecho." Job 34:12.

La moral de Dios es perfecta y majestuosa.

La santidad y el pecado humano

La santidad de Dios pone de manifiesto la gravedad del pecado humano. Cuando una persona contempla la santidad de Dios, inevitablemente reconoce su propia pecaminosidad.

La reacción de Isaías ilustra esta realidad:

"¡Ay de mí! que soy muerto; porque siendo hombre inmundo de labios." (Isaías 6:5).

La santidad de Dios revela el contraste entre la perfección divina y la corrupción humana.

El amor de Dios

Otro atributo fundamental del carácter divino es el amor. El apóstol Juan expresa esta verdad de manera directa:

"Dios es amor." (1 Juan 4:8).

Esta afirmación no significa que el amor sea simplemente una actividad de Dios; significa que el amor pertenece a la esencia misma del carácter divino.

El amor divino no debe confundirse con mera tolerancia ni con aprobación indiscriminada. El amor de Dios es santo, justo y coherente con Su carácter perfecto. Por ejemplo, separar el amor de la justicia conduce a una visión distorsionada de Dios que termina debilitando tanto la verdad como la gracia.

El amor de Dios se manifiesta de múltiples maneras:

Amor benevolente

Dios demuestra bondad hacia toda la creación.

"Hace salir su sol sobre malos y buenos." (Mateo 5:45).

Dios concede a todos los seres humanos, no solamente la vida, sino también la provisión que necesitan y, sobre todo, las oportunidades para arrepentirse de la incredulidad y poner su fe en el Señor Jesucristo.

Amor redentor

El amor de Dios se revela de manera suprema en la obra de redención.

"Porque de tal manera amó Dios al mundo, que ha dado a su Hijo unigénito" (Juan 3:16).

Este amor no es meramente emocional. Es un amor activo que busca el bienestar espiritual de su pueblo.

La justicia de Dios

La justicia divina describe la perfecta rectitud de Dios en todas sus acciones. Dios siempre actúa conforme a su naturaleza santa y a su carácter perfecto.

La justicia de Dios significa que Él siempre hace lo que es correcto.

"Justo es Jehová en todos sus caminos." (Salmo 145:17).

La justicia divina se manifiesta particularmente en dos aspectos.

Justicia retributiva

Dios castiga el pecado.

Aunque Él es completamente amor, Su justicia no permite ni ignorar ni pasar por alto la iniquidad del hombre.

Este aspecto de Su justicia revela el hecho de que Su gobierno está fundamentado en Su santidad.

Justicia salvadora

Dios provee salvación mediante Cristo sin comprometer su justicia.

El evangelio demuestra cómo Dios puede ser justo y, al mismo tiempo, justificar al pecador. De hecho, en la cruz, Dios juzga el pecado sin destruir al pecador.

"Para que él sea el justo, y el que justifica al que es de la fe de Jesús." (Romanos 3:26).

La misericordia de Dios

La misericordia es la disposición divina a mostrar compasión hacia aquellos que se encuentran en necesidad o miseria.

La misericordia de Dios se manifiesta particularmente en su paciencia con los pecadores.

"Misericordioso y clemente es Jehová." (Salmo 103:8).

La misericordia divina no significa que Dios ignore el pecado. Más bien, significa que Dios provee un medio de perdón a través de la obra redentora de Cristo.

La fidelidad de Dios

La fidelidad describe la absoluta confiabilidad de Dios. Dios siempre cumple sus promesas.

"Dios no es hombre, para que mienta." (Números 23:19).

Esta fidelidad proporciona seguridad al creyente. La salvación no depende de la fidelidad humana, sino de la fidelidad divina.

Implicaciones espirituales

Los atributos comunicables de Dios también tienen implicaciones prácticas para la vida cristiana.

El creyente es llamado a reflejar el carácter de Dios.

Por ejemplo:

- Dios es santo; el creyente debe buscar la santidad.
- Dios es amor; el creyente debe amar.
- Dios es justo; el creyente debe practicar la justicia.

El objetivo final de la vida cristiana es reflejar el carácter de Dios en el mundo.

PARTE III
LA IDENTIDAD Y EL GOBIERNO DE DIOS

9. La unidad y la Triunidad de Dios.

Triunidad, a diferencia de Trinidad, es el término teológico más apropiado para expresar que existe un solo Dios verdadero, un solo ser en esencia, que subsiste eternamente en tres personas.

La doctrina de la Triunidad es una de las verdades más distintivas y fundamentales de la fe cristiana. Aunque la palabra Triunidad no aparece explícitamente en la Biblia, el concepto está profundamente arraigado en la revelación bíblica.

La iglesia primitiva defendió esta formulación frente a errores que negaban la plena deidad del Hijo o confundían las personas divinas. El término "de la misma esencia" (homoousios), afirmado en el siglo IV, fue adoptado para expresar que el Hijo comparte plenamente la naturaleza divina del Padre, sin división ni inferioridad.

Esta afirmación protege dos verdades esenciales:

1. El monoteísmo bíblico

2. La plena Deidad del Padre, del Hijo y del Espíritu Santo

El fundamento del monoteísmo

La Biblia afirma de manera inequívoca que hay un solo Dios.

"Oye, Israel: Jehová nuestro Dios, Jehová uno es." (Deuteronomio 6:4).

Este texto constituye el corazón del monoteísmo del Antiguo Testamento. La fe de Israel se distinguía radicalmente de las religiones politeístas circundantes.

El Nuevo Testamento reafirma esta verdad:

"Sabemos que un ídolo nada es en el mundo, y que no hay más que un Dios." (1 Corintios 8:4).

Cualquier formulación triunitaria debe comenzar afirmando esta verdad: Dios es uno en esencia.

La Deidad del Padre

La Escritura presenta claramente al Padre como Dios.

"Gracia y paz a vosotros, de Dios nuestro Padre." (Romanos 1:7).

No existe controversia histórica significativa respecto a la Deidad del Padre.

La Deidad del Hijo

El Nuevo Testamento afirma repetidamente la plena Deidad de Jesucristo.

"En el principio era el Verbo, y el Verbo era con Dios, y el Verbo era Dios." (Juan 1:1).

Este versículo es uno de los textos más claros acerca de la Deidad de Cristo.

Además:

"Porque en él habita corporalmente toda la plenitud de la Deidad." (Colosenses 2:9).

Tomás declaró directamente a Cristo:

"¡Señor mío, y Dios mío!" (Juan 20:28).

Jesús no corrigió esa afirmación, lo cual confirma su validez.

La Deidad del Espíritu Santo

La Escritura también afirma la Deidad del Espíritu Santo.

En Hechos 5, Pedro confronta a Ananías:

"¿Por qué llenó Satanás tu corazón para que mintieses al Espíritu Santo?... No has mentido a los hombres, sino a Dios." (Hechos 5:3–4).

Mentir al Espíritu Santo es mentir a Dios.

Distinción de Personas

Aunque el Padre, el Hijo y el Espíritu son plenamente Dios, no son la misma Persona.

En el bautismo de Jesús vemos a las tres Personas actuando simultáneamente:

- El Hijo es bautizado.
- El Espíritu desciende como paloma.
- El Padre habla desde el cielo.

Este evento descrito en Mateo 3:16–17 demuestra claramente la distinción personal.

Unidad de esencia

La doctrina bíblica de la Triunidad afirma que hay un solo Dios en esencia y tres personas distintas: el Padre, el Hijo y el Espíritu Santo.

Cuando hablamos de esencia, nos referimos a la naturaleza divina única e indivisible. Dios no está compuesto de partes ni dividido en tres seres. La esencia divina es una sola.

Cuando hablamos de persona, no nos referimos a tres dioses independientes, sino a tres subsistencias personales reales que comparten plenamente la misma esencia divina. Cada persona es plenamente Dios, no una tercera parte de Dios.

Así, el Padre es Dios, el Hijo es Dios y el Espíritu Santo es Dios; sin embargo, no son tres dioses, sino un solo Dios.

La distinción entre las personas no es de naturaleza, sino de relación. El Padre no es el Hijo, el Hijo no es el Espíritu, y el Espíritu no es el Padre. Sin embargo, ninguno es inferior en esencia o dignidad.

Existencia Eterna y Procedencia

La Escritura presenta distinciones internas en la Triunidad que no implican desigualdad.

El Hijo es eternamente engendrado por el Padre. Esto no significa que haya sido creado ni que tenga un comienzo, sino que Su relación personal con el Padre es eterna.

De igual manera, el Espíritu Santo procede eternamente del Padre (y es enviado por el Hijo). Esta procesión no implica inferioridad, sino distinción relacional dentro de la unidad divina.

Estas distinciones no dividen la esencia divina ni establecen jerarquías en cuanto a esencia. Padre, Hijo y Espíritu comparten plenamente la misma naturaleza eterna.

Para evitar confusión, es importante afirmar que no creemos en la existencia de tres dioses (Triteísmo), ni que Dios sea una sola persona que adopta tres modos diferentes (Modelismo), ni que el Hijo o el Espíritu sean inferiores en esencia al Padre (Subordinacionismo ontológico).

La doctrina bíblica sostiene una unidad esencial absoluta y una distinción personal real.

Errores históricos relacionados con la doctrina de la Triunidad

A lo largo de la historia de la iglesia han surgido interpretaciones erróneas acerca de la naturaleza triuna de Dios, como el Modalismo, el Arrianismo y otras formulaciones deficientes. Estas distorsiones han sido corregidas por la reflexión doctrinal y la enseñanza bíblica fiel.

Para un análisis más detallado de estas herejías históricas, véase el Apéndice 1.

Implicaciones espirituales

La Triunidad no es una curiosidad teológica. Es el fundamento de la redención.

- Dios el Padre es el Creador.
- Dios el Hijo es el Salvador.
- Dios el Espíritu Santo es el Consolador.

La oración cristiana es Triunitaria: oramos al Padre, en el nombre del Hijo, en el poder del Espíritu Santo.

10. Los nombres de Dios.

En la Biblia, el nombre no es una simple designación arbitraria. En el contexto bíblico, el nombre revela el carácter, la autoridad y la naturaleza de la persona. Conocer el nombre de alguien implica conocer quién es y cómo actúa.

El significado teológico del nombre en la Escritura

Cuando la Escritura habla del "nombre del Señor", no se refiere meramente a una palabra pronunciada, sino a la manifestación de Su ser. Por eso se nos exhorta a "invocar el nombre del Señor", a confiar en Su nombre y a glorificar Su nombre. El nombre es revelación.

Dios se da a conocer progresivamente mediante Sus nombres. Cada uno de ellos destaca un aspecto de Su carácter, aunque ninguno lo agota.

Elohim: El Dios Creador y Majestuoso

Elohim es el nombre que aparece en Génesis 1:1:

"En el principio creó Dios los cielos y la tierra."

Este nombre resalta:

- El poder creador de Dios
- Su supremacía sobre toda la creación
- Su trascendencia

Aunque Elohim es una forma plural, cuando se refiere al Dios verdadero se usa con verbos en singular, afirmando así Su unidad esencial. Este uso no enseña explícitamente la Triunidad, pero es plenamente compatible con la revelación posterior del Dios triuno.

Elohim enfatiza que Dios es el origen de todo lo existente. Nada existe fuera de Su voluntad creadora.

Yahweh: El Dios Auto existente y Fiel

El nombre más significativo revelado en el Antiguo Testamento es Yahweh (tradicionalmente representado como Jehová).

En Éxodo 3:14, Dios declara a Moisés:

"YO SOY EL QUE SOY."

Este nombre comunica verdades profundas:

- Auto existencia (Dios existe por Sí mismo)
- Independencia absoluta
- Eternidad
- Inmutabilidad
- Fidelidad de pacto

Yahweh no depende de nada ni de nadie. Él es el Ser eterno que simplemente es. Este nombre está íntimamente relacionado con la doctrina de la aseidad divina y con la inmutabilidad.

En muchas traducciones bíblicas, Yahweh aparece como "SEÑOR" en letras mayúsculas, indicando el nombre pactual de Dios.

Yahweh es el Dios que hace pacto, que cumple Sus promesas y que permanece fiel a Su palabra.

Adonai: El Señor Soberano

Adonai significa "Señor" o "Soberano".

Este título enfatiza:

- La autoridad absoluta de Dios
- Su derecho de gobierno
- La obligación humana de obediencia

Reconocer a Dios como Adonai implica reconocer que toda la creación está bajo Su señorío. Él no es solamente Creador, sino Gobernante activo del universo.

El Shaddai: El Dios Todopoderoso

El Shaddai es comúnmente traducido como "Dios Todopoderoso".

Este nombre resalta:

- Su poder suficiente
- Su capacidad para cumplir promesas
- Su cuidado protector

Frecuentemente aparece en contextos donde Dios reafirma Sus promesas de pacto (Génesis. 17:1). El Shaddai es el Dios que sostiene y preserva a Su pueblo.

Los Nombres Compuestos de Yahweh

En varios pasajes, el nombre Yahweh aparece unido a descripciones que revelan aspectos específicos de Su obra:

- Yahweh-Jireh-El Señor proveerá (Génesis 22:14)
- Yahweh-Rapha-El Señor que sana (Éxodo 15:26)
- Yahweh-Nissi-El Señor es mi bandera (Éxodo 17:15)
- Yahweh-Shalom-El Señor es paz (Jueces 6:24)

Estos nombres no introducen dioses diferentes, sino que revelan diversas manifestaciones del mismo Dios fiel en contextos específicos de Su trato con Su pueblo.

Padre: La Revelación Plena en el Nuevo Testamento

En el Nuevo Testamento, la revelación de Dios como Padre adquiere una profundidad mayor.

Cristo enseña:

"Padre nuestro que estás en los cielos." (Mateo 6:9).

La revelación de Dios como Padre implica:

- Relación personal
- Autoridad amorosa
- Cuidado providencial
- Cercanía sin pérdida de santidad

El término Padre no es meramente metafórico; expresa una realidad relacional dentro del marco triunitario.

El Nombre y la Plenitud Triunitaria

En Mateo 28:19, Cristo ordena bautizar:

"en el nombre del Padre, y del Hijo, y del Espíritu Santo."

La palabra "nombre" aparece en singular, indicando una sola esencia divina compartida por tres personas distintas.

La revelación del nombre de Dios alcanza su expresión más plena en la revelación Triunitaria. El Dios que se reveló como Yahweh en el Antiguo Testamento es el mismo que se da a conocer plenamente en el Padre, el Hijo y el Espíritu Santo.

Implicaciones doctrinales y espirituales

Conocer los nombres de Dios no es un ejercicio académico. Es una base para la adoración y la confianza.

El creyente:

- Confía en Elohim como Creador soberano.
- Descansa en Yahweh como Dios fiel e inmutable.
- Se somete a Adonai como Señor absoluto.
- Se refugia en El Shaddai como Dios suficiente.
- Se acerca con confianza al Padre revelado en Cristo.

Los nombres de Dios fortalecen la fe porque nos recuerdan quién es Él y cómo actúa.

11. La Providencia de Dios.

La doctrina de la providencia de Dios describe la manera en que Dios sostiene, gobierna y dirige su creación. Mientras que la doctrina de la creación explica el origen del universo, la providencia explica cómo Dios continúa obrando dentro de la creación después de haberla creado.

La Biblia no presenta al universo como un sistema autónomo que funciona independientemente de su Creador. Por el contrario, enseña que Dios mantiene una relación constante y activa con todo lo que existe. Cada evento de la historia ocurre bajo el conocimiento y el gobierno de Dios.

Esta verdad es expresada claramente por el apóstol Pablo cuando declara:

"Porque en él vivimos, y nos movemos, y somos." (Hechos 17:28).

La providencia divina, por tanto, describe la actividad continua de Dios mediante la cual Él preserva la creación, coopera con los procesos naturales y humanos, y dirige todas las cosas hacia el cumplimiento de su propósito eterno.

Definición de providencia

En términos teológicos, la providencia puede definirse como:

La obra continua de Dios mediante la cual Él preserva su creación, coopera con sus criaturas y dirige todas las cosas hacia el cumplimiento de su propósito soberano.

Esta definición incluye tres aspectos principales:

1. Preservación
2. Concurrencia
3. Gobierno

Cada uno de estos aspectos describe una dimensión del cuidado y dirección divina sobre la creación.

La preservación divina

La preservación se refiere a la actividad por la cual Dios sostiene continuamente la existencia del universo.

Dios no solamente creó el mundo; también lo mantiene en existencia. Si Dios retirara su poder sustentador, la creación dejaría de existir inmediatamente.

El autor de Hebreos describe esta realidad al hablar de Cristo:

"El cual sustenta todas las cosas con la palabra de su poder." (Hebreos 1:3).

De manera similar, Pablo afirma:

"Y él es antes de todas las cosas, y todas las cosas en él subsisten." (Colosenses 1:17).

Esto significa que la existencia continua del universo depende completamente del poder de Dios. Las leyes naturales que gobiernan el cosmos no son independientes de Dios; son expresiones del orden que Dios ha establecido y continúa sosteniendo.

Implicaciones de la preservación

La doctrina de la preservación tiene varias implicaciones importantes.

Primero, el universo no es autónomo. La creación no funciona de manera independiente de su Creador. Cada momento de existencia depende de la voluntad y del poder de Dios.

Segundo, la estabilidad del universo refleja la fidelidad de Dios. La regularidad de los ciclos naturales, el movimiento de los planetas, el ritmo de las estaciones y las leyes físicas, son una manifestación de la fidelidad divina.

El profeta Jeremías conecta esta estabilidad con el pacto de Dios:

"Así ha dicho Jehová, que da el sol para luz del día… si faltaren estas leyes delante de mí… también la descendencia de Israel faltará." (Jeremías 31:35–36).

La concurrencia divina

La concurrencia describe la manera en que Dios está presente de manera activa en las acciones de sus criaturas y en los procesos naturales para producir eventos en el mundo.

Esta doctrina afirma que Dios obra junto con las causas secundarias.

En otras palabras, cuando ocurren eventos en el mundo, estos pueden atribuirse tanto a la acción de criaturas como a la acción de Dios.

Por ejemplo, cuando una persona toma una decisión, esa decisión es verdaderamente suya. Sin embargo, la Biblia también enseña que Dios obra dentro de la historia humana.

Un ejemplo claro aparece en la historia de José.

Sus hermanos actuaron maliciosamente al venderlo como esclavo, pero José reconoció que Dios estaba obrando a través de esos eventos.

"Vosotros pensasteis mal contra mí, mas Dios lo encaminó a bien." (Génesis 50:20).

Aquí vemos dos niveles de causalidad:

- La intención malvada de los hermanos.
- El propósito soberano de Dios.

Ambos están presentes, pero Dios permanece moralmente perfecto.

Dios y las decisiones humanas

La doctrina de la concurrencia plantea preguntas importantes acerca de la relación entre la soberanía divina y la responsabilidad humana.

La Biblia mantiene ambas realidades.

Por un lado, Dios dirige la historia.

Por otro lado, los seres humanos siguen siendo responsables por sus acciones.

Un ejemplo notable se encuentra en la crucifixión de Cristo.

Pedro declara:

"A éste… prendisteis y matasteis por manos de inicuos." (Hechos 2:23).

Sin embargo, en el mismo versículo afirma que este evento ocurrió:

"por el determinado consejo y anticipado conocimiento de Dios."

Esto demuestra que un mismo evento puede estar simultáneamente bajo la responsabilidad humana y bajo el plan soberano de Dios.

El gobierno de Dios

El tercer aspecto de la providencia es el gobierno divino.

Dios no solamente sostiene la creación y coopera con sus criaturas; también dirige activamente la historia hacia el cumplimiento de su propósito eterno.

El Salmo 103 declara:

"Jehová estableció en los cielos su trono, y su reino domina sobre todos." (Salmos 103:19).

Nada ocurre fuera del conocimiento o del control de Dios.

Esto incluye:

- eventos naturales
- decisiones humanas
- el surgimiento de naciones
- la caída de imperios
- los detalles cotidianos de la vida

Jesús enseñó que incluso los detalles más pequeños están bajo el cuidado de Dios.

"¿No se venden dos pajarillos por un cuarto? Con todo, ni uno de ellos cae a tierra sin vuestro Padre." (Mateo 10:29)

Si Dios gobierna incluso los eventos aparentemente insignificantes, cuánto más gobierna los grandes movimientos de la historia.

En tiempos de incertidumbre y crisis, el gobierno de Dios se cuestiona sin una comprensión adecuada de Sus caminos. Sin embargo, la providencia divina no depende de nuestra comprensión para ser real. La fe madura descansa no en explicaciones completas, sino en el carácter soberano, sabio y bueno de Aquel que gobierna todas las cosas.

La providencia y el problema del mal

Una de las preguntas más difíciles relacionadas con la providencia es el problema del mal.

Si Dios gobierna el universo, ¿cómo debemos entender la existencia del mal, el sufrimiento y la injusticia?

La Biblia no ofrece una explicación filosófica completa del problema del mal, pero proporciona varias verdades fundamentales.

Primero, Dios no es el autor del pecado.

"Dios no puede ser tentado por el mal, ni él tienta a nadie." (Santiago 1:13).

Segundo, Dios puede usar incluso los actos pecaminosos para cumplir sus propósitos santos.

La cruz es el ejemplo supremo de esta realidad. La muerte de Cristo fue el acto más injusto de la historia humana, y sin embargo fue el medio por el cual Dios proveyó salvación al mundo.

La iglesia cristiana a lo largo de los siglos ha afirmado que la providencia divina no elimina la responsabilidad humana. Dios gobierna soberanamente todas las cosas, y sin embargo el ser humano actúa de manera real y responsable dentro de ese gobierno. Esta afirmación preserva tanto la majestad absoluta de Dios como la responsabilidad moral del hombre ante Él.

La providencia y la vida cristiana

La doctrina de la providencia no es simplemente una abstracción teológica. Tiene profundas implicaciones prácticas para la vida cristiana.

Produce confianza

Saber que Dios gobierna la historia permite al creyente confiar en Él incluso en medio de circunstancias difíciles.

Pablo declara:

"Sabemos que a los que aman a Dios, todas las cosas les ayudan a bien." (Romanos 8:28).

Produce humildad

La providencia recuerda al creyente que su vida está en las manos de Dios.

Produce gratitud

Cada bendición debe ser reconocida como un regalo providencial de Dios.

Produce perseverancia

El creyente puede continuar fielmente en el ministerio sabiendo que Dios dirige la historia hacia el cumplimiento de sus propósitos.

La providencia y la esperanza cristiana

Finalmente, la providencia apunta hacia la consumación de la historia redentora.

Dios no solamente gobierna los eventos presentes; también dirige la historia hacia un final glorioso en el cual Cristo reinará plenamente y todas las cosas serán restauradas.

El creyente vive en la certeza de que la historia no está fuera de control. El Dios que creó el universo también lo dirige hacia su destino final.

12. Dios y la Historia Humana.

La historia humana no es un proceso autónomo ni un fenómeno gobernado únicamente por decisiones humanas. Desde la perspectiva bíblica, la historia se desarrolla bajo la autoridad soberana de Dios. Sin embargo, la Escritura revela que el gobierno divino se manifiesta en la historia de dos maneras claramente distinguibles:

1. El aspecto eterno del gobierno de Dios
2. El aspecto teocrático del gobierno de Dios

Distinguir estos dos aspectos permite comprender correctamente la relación entre Dios, las naciones y su pueblo en el desarrollo de la historia redentora.

El aspecto eterno del gobierno de Dios

El primer aspecto del gobierno divino es su carácter eterno y universal.

Dios no comenzó a gobernar cuando creó el mundo. Su autoridad precede a la creación. Él es Rey por naturaleza, no por delegación ni por reconocimiento humano.

El salmista declara:

"Jehová estableció en los cielos su trono,
y su reino domina sobre todos." (Salmos 103:19).

Esta afirmación describe un gobierno absoluto y universal. El dominio de Dios no está limitado a una nación, a un período histórico o a un sistema político. Su reino es eterno.

"Tu reino es reino de todos los siglos." (Salmos 145:13).

Gobierno absoluto sobre la creación

El aspecto eterno del gobierno de Dios significa que Él ejerce autoridad sobre todo lo que existe:

- los ángeles
- las naciones
- la naturaleza
- la historia
- los individuos

Nada ocurre fuera de su conocimiento o fuera del ámbito de su autoridad.

Daniel declara:

"El Altísimo tiene dominio en el reino de los hombres." (Daniel 4:17).

Este dominio no depende de la obediencia humana ni del reconocimiento político. Dios gobierna incluso cuando las naciones no lo reconocen como Rey.

Gobierno providencial en la historia

El aspecto eterno del gobierno divino se manifiesta en la providencia. Dios dirige el curso de los acontecimientos históricos.

Dios:

- levanta reyes
- remueve imperios
- determina tiempos y límites
- dirige procesos históricos

"Él muda los tiempos y las edades; quita reyes, y pone reyes." (Daniel 2:21).

El curso de la historia mundial no es accidental. La historia se mueve hacia el cumplimiento del propósito eterno de Dios.

El propósito eterno

El gobierno eterno de Dios no es arbitrario. Está orientado hacia un propósito.

Pablo escribe:

"Conforme al propósito eterno que hizo en Cristo Jesús nuestro Señor." (Efesios 3:11).

Esto significa que la historia humana se desarrolla dentro del plan redentor de Dios. Desde la creación hasta la consumación final, Dios está llevando a cabo su propósito eterno en Cristo.

El aspecto teocrático del gobierno de Dios

Además de su gobierno eterno y universal, la Escritura revela un segundo aspecto del gobierno divino: el gobierno teocrático.

Mientras que el aspecto eterno se refiere al dominio universal de Dios sobre toda la creación, el aspecto teocrático se refiere al gobierno especial y directo de Dios sobre un pueblo específico dentro de la historia.

Definición del gobierno teocrático

El término "teocracia" significa literalmente "gobierno de Dios".

En la historia bíblica, este concepto se manifiesta de manera concreta en la nación de Israel.

A diferencia de otras naciones antiguas, Israel fue establecido como una nación bajo el gobierno directo de Dios.

La teocracia en el Sinaí

Después de la liberación de Egipto, Dios estableció un pacto nacional con Israel en el monte Sinaí.

En ese pacto:

- les dio la ley
- estableció normas civiles y religiosas
- determinó el sistema judicial

- reguló la adoración

Israel no fue fundado como una monarquía humana, sino como una nación cuyo Rey era Dios mismo.

Esta realidad queda claramente expresada cuando Israel pidió un rey humano.

"No te han desechado a ti, sino a mí me han desechado, para que no reine sobre ellos." (1 Samuel 8:7).

Dios era el verdadero Rey de Israel.

El trono davídico dentro del gobierno teocrático

Posteriormente, Dios estableció la dinastía de David como instrumento de su gobierno sobre la nación. La promesa hecha a David no eliminó la teocracia; más bien la estructuró bajo un representante humano.

"Tu casa y tu reino serán firmes para siempre." (2 Samuel 7:16).

El rey davídico gobernaba bajo la autoridad de Dios. El trono de David representaba el gobierno de Dios en medio de su pueblo.

El desarrollo del gobierno teocrático en la historia

La historia de Israel muestra momentos de obediencia y momentos de rebelión dentro del marco del gobierno teocrático.

Cuando la nación se apartaba de Dios, sufría disciplina. Cuando se arrepentía, experimentaba restauración. Sin embargo, incluso en el juicio, las promesas del pacto davídico permanecían vigentes.

Los profetas anunciaron la venida de un rey futuro que gobernaría con justicia.

"Lo dilatado de su imperio y la paz no tendrán límite." (Isaías 9:7).

Este rey prometido sería el cumplimiento definitivo del gobierno teocrático.

Cristo y el gobierno de Dios en la historia

El Nuevo Testamento presenta a Jesucristo como el heredero legítimo de las promesas hechas a David.

El anuncio angelical a María declara:

"El Señor Dios le dará el trono de David su padre." (Lucas 1:32).

Jesús vino como el Rey prometido. Durante su ministerio, proclamó:

"El reino de Dios se ha acercado." (Marcos 1:15).

Con la venida de Cristo, la historia redentora alcanzó un punto decisivo. Sin embargo, la manifestación plena del gobierno mesiánico aún pertenece al desarrollo futuro del plan de Dios.

La historia humana entre el gobierno eterno y el gobierno teocrático

La historia humana debe interpretarse teniendo en cuenta ambos aspectos del gobierno divino.

1. Dios gobierna eternamente sobre todo el universo.
2. Dios ha manifestado históricamente su gobierno especial a través de su pueblo.

El desarrollo de la historia bíblica no es una contradicción entre estos aspectos, sino una progresión dentro del plan de Dios.

El gobierno eterno de Dios nunca ha sido interrumpido. El gobierno teocrático, en cambio, ha tenido manifestaciones históricas específicas dentro del plan redentor.

La consumación futura del gobierno de Dios

La Biblia enseña que la historia culminará en la manifestación plena y visible del gobierno de Dios en la tierra.

Apocalipsis declara:

"Los reinos del mundo han venido a ser de nuestro Señor y de su Cristo." (Apocalipsis 11:15).

En ese momento, el gobierno de Dios será reconocido universalmente.

El propósito eterno de Dios se cumplirá completamente.

Implicaciones prácticas

Comprender estos dos aspectos del gobierno divino transforma la manera en que el creyente interpreta la historia.

Seguridad en tiempos de crisis

El gobierno eterno de Dios garantiza que nada escapa a su control.

Esperanza en medio de la inestabilidad política

Las naciones cambian, pero el trono de Dios permanece firme.

Confianza en el cumplimiento de las promesas

Las promesas hechas en la historia redentora descansan sobre el carácter inmutable del Dios que gobierna.

La historia humana se desarrolla bajo el gobierno soberano de Dios.

Su gobierno posee:

- un aspecto eterno y universal
- y un aspecto teocrático manifestado en la historia redentora.

Ambos aspectos revelan la sabiduría y la fidelidad de Dios. La historia no está fuera de control; está dirigida hacia la manifestación plena del propósito eterno de Dios en Cristo.

13. Implicaciones de Conocer a Dios.

La doctrina de Dios no es meramente un ejercicio intelectual. La teología propia no existe para satisfacer la curiosidad académica del creyente, sino para conducirlo a una relación más profunda con el Dios vivo. Toda verdadera comprensión de quién es Dios transforma inevitablemente la vida espiritual, la adoración, la obediencia y el carácter del creyente.

A lo largo de la Escritura, el conocimiento de Dios se presenta como la base de la vida espiritual auténtica. Dios no se revela simplemente para informar al hombre, sino para que el hombre pueda conocerle, confiar en Él, obedecerle y vivir en comunión con Él.

El conocimiento correcto de Dios produce reverencia, santidad, confianza, adoración y una vida centrada en Su gloria. Por el contrario, una comprensión incorrecta de Dios inevitablemente conduce a una vida espiritual distorsionada.

Por esta razón, la doctrina de Dios tiene profundas implicaciones prácticas para la vida cristiana.

Conocer a Dios es el fundamento de la vida espiritual

La Escritura presenta el conocimiento de Dios como la esencia misma de la vida espiritual.

El profeta Jeremías declara:

"Mas alábese en esto el que se hubiere de alabar: en entenderme y conocerme, que yo soy Jehová, que hago misericordia, juicio y justicia en la tierra; porque estas cosas quiero, dice Jehová." (Jeremías 9:24).

La gloria del hombre no se encuentra en su sabiduría, su poder o sus riquezas, sino en conocer verdaderamente al Señor.

En el Nuevo Testamento, Jesucristo mismo afirma que la vida eterna consiste precisamente en conocer a Dios:

"Y esta es la vida eterna: que te conozcan a ti, el único Dios verdadero, y a Jesucristo, a quien has enviado." (Juan 17:3).

La vida eterna no se define únicamente como una existencia sin fin, sino como una relación viva con Dios.

Este conocimiento no es simplemente intelectual.

Implica:

- conocimiento de Su carácter
- confianza en Su persona
- obediencia a Su voluntad
- comunión con Su presencia

Por esta razón, toda vida cristiana saludable comienza con una comprensión correcta de quién es Dios.

Conocer a Dios produce reverencia y temor santo

Uno de los primeros efectos del conocimiento de Dios es el desarrollo de un temor reverente hacia Él.

La Escritura enseña que el temor de Dios es el principio de la sabiduría:

"El temor de Jehová es el principio de la sabiduría." (Proverbios 9:10).

Este temor no es terror servil, sino reverencia profunda ante la grandeza, santidad y majestad de Dios. Cuando el hombre comprende la santidad de Dios, su actitud hacia Él cambia radicalmente.

Isaías experimentó esta realidad cuando tuvo la visión del Señor en el templo:

"¡Ay de mí! que soy muerto; porque siendo hombre inmundo de labios… han visto mis ojos al Rey, Jehová de los ejércitos." (Isaías 6:5).

La visión de la santidad de Dios produce:

- humildad
- reverencia
- conciencia del pecado
- dependencia de la gracia divina

En una época donde muchos presentan a Dios de manera superficial o sentimental, recuperar una visión bíblica de la santidad divina es esencial para la vida espiritual de la iglesia.

Conocer a Dios produce confianza y seguridad

El conocimiento de Dios también produce confianza profunda en Su carácter.

Cuando el creyente comprende quién es Dios, Su omnipotencia, Su sabiduría y Su fidelidad, puede descansar en Él aun en medio de las dificultades.

El salmista declara:

"En Dios he confiado; no temeré." (Salmos 56:11).

Asimismo, el profeta Daniel afirma:

"El pueblo que conoce a su Dios se esforzará y actuará." (Daniel 11:32).

La confianza del creyente no se basa en las circunstancias, sino en el carácter inmutable de Dios.

Si Dios es:

- soberano
- omnisciente
- fiel
- bueno

entonces el creyente puede confiar plenamente en Él.

Esta confianza sostiene al creyente en medio de:

- pruebas
- persecución
- incertidumbre
- sufrimiento

Porque el conocimiento de Dios asegura que nada ocurre fuera del control de Su voluntad soberana.

Conocer a Dios produce adoración verdadera

La adoración auténtica nace del conocimiento correcto de Dios.

Jesús enseñó:

"Dios es Espíritu; y los que le adoran, en espíritu y en verdad es necesario que adoren." (Juan 4:24).

La adoración no es simplemente una experiencia emocional, sino una respuesta consciente a la revelación de Dios.

Cuanto más profundamente el creyente comprende:

- la santidad de Dios
- la gloria de Dios

- la gracia de Dios
- la grandeza de Dios

más profundamente responderá en adoración.

La adoración bíblica involucra:

- reverencia
- gratitud
- amor
- obediencia

Los grandes himnos de la Escritura nacen precisamente de una contemplación profunda del carácter de Dios. El libro de los Salmos está lleno de expresiones de adoración basadas en quién es Dios.

Por ejemplo:

"Grande es Jehová, y digno de suprema alabanza." (Salmos 48:1).

Conocer a Dios produce santidad en la vida

El conocimiento de Dios también transforma el carácter del creyente.

Pedro escribe:

"Como aquel que os llamó es santo, sed también vosotros santos en toda vuestra manera de vivir." (1 Pedro 1:15).

La santidad cristiana se fundamenta en el carácter mismo de Dios.

Cuando el creyente comprende que Dios es santo, reconoce que la vida cristiana no puede ser vivida de manera superficial o mundana.

La santidad implica:

- separación del pecado
- dedicación a Dios
- conformidad al carácter divino

El conocimiento de Dios produce un deseo creciente de reflejar Su carácter en la vida diaria.

El apóstol Pablo expresa este proceso en términos de transformación espiritual:

"Somos transformados de gloria en gloria en la misma imagen." (2 Corintios 3:18).

Así, conocer a Dios no solo cambia la mente del creyente, sino también su conducta.

Conocer a Dios fortalece la perseverancia del creyente

La vida cristiana incluye inevitablemente dificultades, pruebas y oposición. Sin embargo, el conocimiento de Dios proporciona la base para la perseverancia.

El creyente que comprende la soberanía de Dios puede enfrentar la adversidad con esperanza.

David expresó:

"En el día que temo, en ti confío." (Salmos 56:3).

Esta afirmación solo es posible porque Dios es:

- soberano
- sabio
- bueno
- fiel

El creyente puede perseverar porque sabe que Dios gobierna la historia y dirige todas las cosas conforme a Su propósito.

Conocer a Dios produce una vida centrada en Su gloria

Finalmente, el conocimiento de Dios conduce a una vida orientada hacia Su gloria. El propósito supremo de la existencia humana es glorificar a Dios.

El apóstol Pablo declara:

"Porque de él, y por él, y para él, son todas las cosas. A él sea la gloria por los siglos." (Romanos 11:36).

Cuando el creyente comprende verdaderamente quién es Dios, reconoce que toda la vida debe vivirse para Su gloria. Esto afecta:

- las decisiones
- las prioridades
- el ministerio
- el servicio cristiano

La vida cristiana deja de estar centrada en el hombre y pasa a estar centrada en Dios.

CONCLUSIÓN

La doctrina de Dios no es una enseñanza abstracta reservada para el estudio académico. Es el fundamento de toda la vida cristiana.

Por ello, el estudio de la teología propia no debe limitarse al ámbito intelectual. Debe conducir a una relación viva con Dios, caracterizada por amor, obediencia y comunión.

El mayor privilegio del ser humano es conocer al Dios verdadero.

Como declara el profeta Jeremías:

"Mas alábese en esto el que se hubiere de alabar: en entenderme y conocerme." (Jeremías 9:24).

Y como afirma el Señor Jesucristo:

"Esta es la vida eterna: que te conozcan a ti, el único Dios verdadero." (Juan 17:3).

Conocer a Dios es, en última instancia, el propósito supremo de la existencia humana. Una teología centrada en el hombre produce una fe frágil. Una teología centrada en

Dios produce estabilidad y profundidad espiritual. Cuando Dios ocupa el lugar que le corresponde, como Creador soberano y Señor santo, la vida espiritual encuentra fundamento firme y la iglesia recupera claridad en su misión.

APÉNDICES

Apéndice 1: Herejías Históricas Relacionadas con la Doctrina de Dios.

A lo largo de la historia de la iglesia, han surgido diversas interpretaciones erróneas en torno a la doctrina de Dios. Conocer estos errores no es un ejercicio meramente académico; ayuda a proteger la pureza doctrinal y a preservar la fidelidad bíblica.

1. Arrianismo.

El arrianismo, promovido por Arrio en el siglo IV, enseñaba que el Hijo fue creado por el Padre y que, por tanto, no es eterno ni plenamente Dios.

Este error niega la plena deidad de Cristo. La Escritura afirma claramente:

"En el principio era el Verbo, y el Verbo era con Dios, y el Verbo era Dios." (Juan 1:1).

Cristo no es una criatura exaltada, sino Dios eterno.

2. Modalismo (Sabelianismo).

El Modalismo enseña que Dios es una sola persona que se manifiesta de diferentes maneras: a veces como Padre, a veces como Hijo y a veces como Espíritu.

Este error niega la distinción real entre las personas de la Triunidad.

En el bautismo de Jesús (Mateo 3:16–17), el Padre habla desde el cielo, el Hijo es bautizado y el Espíritu desciende. Las tres personas están presentes simultáneamente.

3. Triteísmo.

El Triteísmo afirma que existen tres dioses separados.

La Escritura, sin embargo, es clara:

"Oye, Israel: Jehová nuestro Dios, Jehová uno es." (Deuteronomio 6:4).

La doctrina bíblica sostiene una sola esencia divina en tres personas distintas.

4. Subordinacionismo Ontológico.

Esta postura afirma que el Hijo y el Espíritu son inferiores en naturaleza al Padre.

Aunque en la economía de la redención el Hijo se somete al Padre, en esencia comparten la misma naturaleza divina.

"Yo y el Padre uno somos." (Juan 10:30).

5. Socinianismo.

El Socinianismo niega la Triunidad, la deidad de Cristo y varios atributos clásicos de Dios.

Reduce a Dios a un ser limitado y racionalmente explicable, rechazando doctrinas que superan la razón humana.

Este enfoque debilita gravemente la revelación bíblica.

6. Teísmo Abierto.

El Teísmo abierto enseña que Dios no conoce exhaustivamente el futuro libre de las criaturas.

Sin embargo, la Escritura afirma:

"Yo anuncio lo por venir desde el principio." (Isaías 46:10).

Dios es omnisciente y soberano sobre la historia.

Conocer estos errores fortalece la enseñanza sana y protege a la iglesia contra desviaciones doctrinales.

Apéndice 2: La Doctrina de Dios en la Historia de la Iglesia.

La doctrina de Dios no fue una invención de la iglesia; fue defendida y clarificada a lo largo de los siglos frente a errores y malentendidos.

1. Iglesia Primitiva.

En los primeros siglos, la iglesia enfrentó ataques contra la deidad de Cristo y del Espíritu Santo.

El Concilio de Nicea (325) afirmó que el Hijo es "de la misma esencia" (homoousios) que el Padre.

El Concilio de Constantinopla (381) reafirmó la plena deidad del Espíritu Santo.

2. Edad Media.

Teólogos como Agustín enfatizaron la unidad divina y desarrollaron reflexiones profundas sobre los atributos de Dios, especialmente Su simplicidad e inmutabilidad.

3. La Reforma.

Los reformadores reafirmaron la autoridad suprema de la Escritura y defendieron la doctrina clásica de Dios contra desviaciones tanto católicas como radicales.

La soberanía divina y la centralidad de la gloria de Dios fueron énfasis clave.

4. Época Moderna.

En tiempos recientes han surgido nuevas reinterpretaciones que intentan hacer a Dios más "comprensible" o "relacional", a veces sacrificando atributos como inmutabilidad u omnisciencia.

La iglesia continúa llamada a mantener fidelidad a la revelación bíblica.

Este breve recorrido histórico muestra que la doctrina de Dios ha sido cuidadosamente preservada porque es fundamental para la fe cristiana.

Apéndice 3: Guía para Enseñar la Doctrina de Dios en un Trimestre en el Instituto Bíblico (12 Semanas).

La doctrina de Dios debe enseñarse de manera progresiva, clara y pastoral. Este plan de 12 semanas está diseñado para un trimestre típico en un instituto bíblico local o escuela dominical avanzada.

El objetivo no es simplemente transmitir información, sino formar convicciones sólidas y fomentar adoración reverente.

Semana 1 – La Necesidad de Conocer a Dios.

Tema: ¿Por qué la doctrina de Dios es fundamental?
Enfoque: La teología como base de toda la vida cristiana.
Texto clave: Juan 17:3

Aplicación: ¿Cómo afecta la vida espiritual el tener una visión reducida de Dios?

Semana 2 – La Existencia de Dios.

Tema: Dios existe y se ha revelado.
Enfoque: Revelación general y conciencia humana.
Textos clave: Salmos 19:1–4; Romanos 1:18–20

Aplicación: La responsabilidad humana ante la revelación.

Semana 3 – La Revelación de Dios.

Tema: Revelación general y especial.
Enfoque: La autoridad y suficiencia de la Escritura.
Textos clave: 2 Timoteo 3:16–17; Hebreos 1:1–2

Aplicación: ¿Cómo la revelación guía nuestra doctrina?

Semana 4 – La Cognoscibilidad de Dios.

Tema: Dios es incomprensible pero cognoscible.
Enfoque: Conocer verdaderamente sin conocer exhaustivamente.
Textos clave: Deuteronomio 29:29; Romanos 11:33

Aplicación: Humildad y reverencia al estudiar teología.

Semana 5 – La Naturaleza de Dios.

Tema: La aseidad, eternidad e inmutabilidad.
Enfoque: Dios como ser independiente y eterno.
Textos clave: Éxodo 3:14; Santiago 1:17

Aplicación: Seguridad en el carácter inmutable de Dios.

Semana 6 – La Simplicidad Divina y Unidad del Ser de Dios.

Tema: Dios no está compuesto de partes.
Enfoque: Unidad esencial y coherencia de los atributos.
Texto clave: Deuteronomio 6:4

Aplicación: Comprender que amor y justicia no se contradicen.

Semana 7 – Atributos Incomunicables.

Tema: Omnipotencia, omnisciencia, omnipresencia.
Enfoque: Grandeza y trascendencia divina.
Textos clave: Salmos 139; Jeremías 23:24

Aplicación: Confianza en la soberanía absoluta de Dios.

Semana 8 – Atributos Comunicables.

Tema: Amor, justicia, santidad, misericordia.
Enfoque: Reflejo limitado del carácter divino en el creyente.
Textos clave: 1 Juan 4:8; Isaías 6:3

Aplicación: Vida transformada a la luz del carácter de Dios.

Semana 9 – La Triunidad: Unidad y Distinción.

Tema: Un solo Dios en tres personas.
Enfoque: Esencia y persona.
Textos clave: Mateo 28:19; 2 Corintios 13:14

Aplicación: La Triunidad en la adoración y la vida cristiana.

Semana 10 – Los Nombres de Dios.

Tema: Revelación progresiva del carácter divino.
Enfoque: Yahweh, Elohim, Padre.
Textos clave: Éxodo 3:14; Mateo 6:9

Aplicación: Orar con comprensión del carácter revelado de Dios.

Semana 11 – La Providencia de Dios.

Tema: Gobierno soberano de Dios sobre la historia.
Enfoque: Soberanía y responsabilidad humana.
Textos clave: Génesis 50:20; Romanos 8:28

Aplicación: Confianza en medio del sufrimiento.

Semana 12 – Implicaciones Espirituales de Conocer a Dios.

Tema: Doctrina que produce adoración.
Enfoque: Humildad, reverencia y obediencia.
Texto clave: Romanos 11:33–36

Aplicación final: ¿Cómo cambia mi vida conocer verdaderamente a Dios?

Apéndice 4: Guía de Estudio sobre La Doctrina de Dios.

Propósito de la guía

Esta guía ayuda a estudiantes y maestros a estudiar sistemáticamente la doctrina bíblica de Dios.

Objetivos

1. Comprender las doctrinas principales acerca de Dios.

2. Desarrollar pensamiento teológico bíblico.
3. Aplicar la doctrina a la vida cristiana.
4. Facilitar enseñanza en la iglesia (Escuela Dominical, Discipulado, Instituto Bíblico).

Introducción – La Necesidad de una Teología Sólida.

Objetivos

1. Definir qué es teología sistemática.
2. Comprender la relación entre exégesis y formulación doctrinal.
3. Explicar por qué la Biblia es la autoridad suprema.
4. Entender por qué la precisión doctrinal es esencial en la doctrina de Dios.

Preguntas

1. ¿Qué significa la palabra teología?
2. ¿Qué distingue teología sistemática de un estudio bíblico aislado?
3. ¿Por qué la teología no reemplaza la exégesis bíblica?
4. ¿Por qué la Escritura es la norma suprema de fe y práctica?
5. ¿Cómo conduce la teología verdadera a la adoración?

Textos para estudio

Génesis 1:1
2 Timoteo 3:16
Romanos 11:33–36

Capítulo 1 – Introducción a la Teología Propia.

Objetivos

1. Definir teología propia.
2. Explicar por qué toda teología comienza con Dios.
3. Comprender la relación entre teología y adoración.

Preguntas

1. ¿Qué significa teología propia?
2. ¿Por qué el conocimiento de Dios es fundamental para todas las doctrinas?
3. ¿Qué enseña Génesis 1:1 acerca de Dios?
4. ¿Cómo conduce la teología a la adoración?

Textos para estudio

Jeremías 9:23–24

Isaías 6:1–5

Romanos 11:33

Capítulo 2 – La Necesidad de Conocer a Dios.

Objetivos

1. Explicar por qué el conocimiento de Dios es esencial para la vida espiritual.
2. Entender el rechazo humano de Dios.

Preguntas

1. ¿Qué enseña Romanos 1 sobre el rechazo del conocimiento de Dios?
2. ¿Qué es la idolatría intelectual?
3. ¿Qué efectos produce conocer a Dios?

Texto para estudio

Romanos 1:18–23

Capítulo 3 – La Existencia de Dios

Objetivos

1. Explicar cómo presenta la Biblia la existencia de Dios.
2. Conocer argumentos clásicos de la existencia de Dios.

Preguntas

1. ¿Cómo presenta la Biblia la existencia de Dios?
2. ¿Qué enseña Romanos 1:20 sobre la creación?
3. ¿Qué es el argumento cosmológico?
4. ¿Qué es el argumento teleológico?

5. ¿Qué es el argumento moral?

Capítulo 4 – La Revelación de Dios.

Objetivos

1. Definir revelación general y especial.
2. Comprender la revelación suprema en Cristo.

Preguntas

1. ¿Qué es la revelación general?
2. ¿Qué es la revelación especial?
3. ¿Por qué Cristo es la revelación suprema de Dios?

Textos para estudio

Salmos 19:1

Juan 1:18

2 Timoteo 3:1

Capítulo 5 – La Cognoscibilidad de Dios.

Objetivos

1. Explicar incomprensibilidad y cognoscibilidad de Dios.

Preguntas

1. ¿Qué significa que Dios es incomprensible?
2. ¿Cómo puede el hombre conocer verdaderamente a Dios?

3. ¿Qué significa conocer a Dios por analogía?

Textos para estudio

Salmos 145:3

Isaías 55:8–9

Mateo 11:27

Capítulo 6 – La Naturaleza de Dios.

Temas

- Dios es Espíritu
- Dios es infinito
- Dios es eterno
- Dios es inmutable

Ejercicio

Explique cada atributo y cite un texto bíblico que lo respalde.

Capítulo 7 – Atributos Incomunicables.

Estudie

- Autoexistencia
- Eternidad

- Omnipresencia
- Omnisciencia
- Omnipotencia

Preguntas

1. ¿Qué significa que Dios es autoexistente?
2. ¿Qué implica la omnipresencia?
3. ¿Qué significa omnisciencia?

Capítulo 8 – Atributos Comunicables.

Estudie

- Santidad
- Amor
- Justicia
- Misericordia
- Fidelidad

Ejercicio

Explique cómo estos atributos deben reflejarse en la vida del creyente.

Capítulo 9 – La Unidad y la Triunidad de Dios.

Preguntas:

1. ¿Qué significa que Dios es uno en esencia?

2. ¿Qué significa que Dios es tres en personas?
3. ¿Qué enseñan Juan 1:1 y Colosenses 2:9 sobre Cristo?

Errores históricos

Modalismo

Arrianismo

Triteísmo

Capítulo 10 – Los Nombres de Dios.

Complete la tabla

Nombre – Significado – Texto bíblico

Elohim

Yahweh

Adonai

El Shaddai

Capítulo 11– La Providencia de Dios.

Temas

- Preservación
- Concurrencia

- Gobierno divino

Preguntas

1. ¿Qué significa que Dios preserva la creación?
2. ¿Qué es concurrencia?
3. ¿Cómo ilustra Génesis 50:20 la providencia divina?

Capítulo 12 – Dios y la Historia Humana.

Preguntas

1. ¿Qué diferencia hay entre gobierno eterno y gobierno teocrático?
2. ¿Cómo se manifestó la teocracia en Israel?
3. ¿Cómo se relaciona el trono de David con el reino mesiánico?

Capítulo 13 – Implicaciones Espirituales.

Explique cómo el conocimiento de Dios produce

- Reverencia
- Confianza
- Adoración
- Santidad
- Perseverancia

Apéndice 5: Evaluación para clase de Instituto Bíblico.

1) Proyecto Final

Ensayo de 6 a 8 páginas respondiendo a la pregunta:

¿Por qué el conocimiento correcto de Dios es el fundamento de la vida cristiana?

El estudiante deberá incluir referencias bíblicas, conceptos teológicos del libro y aplicaciones prácticas para su vida y ministerio.

2) Examen Final

Seleccione la respuesta correcta en cada pregunta.

1. La disciplina denominada teología propia se refiere principalmente al estudio de:

A. La relación entre Dios y la salvación del hombre.
B. El ser, carácter y atributos de Dios.
C. El plan redentor desarrollado en la historia.
D. La naturaleza espiritual del hombre.

2. Según la enseñanza bíblica presentada en el libro, el problema fundamental del ser humano respecto al conocimiento de Dios es:

A. Falta de evidencia racional acerca de Dios.
B. Insuficiencia de revelación divina.
C. La inclinación moral del hombre a rechazar la revelación de Dios.
D. La complejidad filosófica del concepto de Dios.

3. La afirmación teológica de que Dios puede ser conocido verdaderamente pero no exhaustivamente describe el principio de:

A. Teología negativa.
B. Analogía del ser.
C. Cognoscibilidad sin comprensión exhaustiva.
D. Revelación progresiva.

4. ¿Cuál de los siguientes atributos divinos pertenece correctamente a la categoría de atributos incomunicables?

A. Amor
B. Justicia
C. Omnipresencia
D. Misericordia

5. La auto existencia de Dios implica que:

A. Dios es la causa primera de todas las cosas.
B. Dios existe independientemente de cualquier causa externa.
C. Dios existe únicamente fuera del tiempo.
D. Dios existe en todos los lugares simultáneamente.

6. Según la doctrina de la Triunidad, la relación correcta entre esencia y persona en Dios es:

A. Una persona y tres esencias.
B. Tres esencias y tres personas.
C. Una esencia y tres personas.
D. Tres esencias en una manifestación.

7. El error doctrinal que enseña que el Padre, el Hijo y el Espíritu Santo son simplemente diferentes manifestaciones de una misma persona divina se denomina:

A. Arrianismo.
B. Triteísmo.
C. Modalismo.
D. Subordinacionismo.

8. Dentro de la doctrina de la providencia divina, el concepto de concurrencia se refiere a:

A. La preservación continua de la creación por parte de Dios.
B. La cooperación de Dios con las causas secundarias en los eventos del mundo.
C. El control absoluto de Dios sobre el futuro escatológico.
D. La manifestación directa de milagros en la historia.

9. La distinción entre gobierno eterno y gobierno teocrático de Dios implica que:

A. El gobierno eterno se limita a Israel.
B. El gobierno teocrático es universal.
C. El gobierno eterno es universal y el teocrático se manifiesta históricamente en un lugar específico.
D. Ambos se refieren exclusivamente al Reino Milenial.

10. El conocimiento correcto de Dios produce

A. Especulación filosófica más profunda.
B. Autonomía espiritual del creyente.
C. Reverencia, adoración y transformación moral.
D. Independencia doctrinal de la iglesia.

Bibliografía

Calvino, Juan. *Institución de la Religión Cristiana.* 2 vols. Editado por John T. McNeill. Traducido por F. L. Battles. Filadelfia: Westminster Press, 1960.

Dabney, Robert L. *Lectures in Systematic Theology.* Reprint edition. Grand Rapids: Baker Book House, 1985.

Grudem, Wayne. *Teología Sistemática.* Miami: Editorial Vida, 2007.

Hullinger, Henry M. "Introducción a la Hermenéutica." Notas de clase. Carolina University, Winston-Salem, NC.

McClain, Alva J. "The Doctrine of God." Notas de Teología. Grace Theological Seminary, Winona Lake, IN.

McCune, Rolland D. *Teología Sistemática del Cristianismo Bíblico.* 3 vols. Detroit: DBTS Press, 2009.

Ropero, Alfonso. "Introducción a la Filosofía." En *Serie Colección Pensamiento Cristiano.* 3ª ed. Barcelona: Editorial CLIE, 1999.

Ryrie, Charles C. *Teología Básica*. Miami: Editorial Unilit, 1993.

Strong, Augustus H. *Systematic Theology*. Valley Forge, PA: Judson Press, 1907.

Acerca de Gospel Partners Serving

Gospel Partners Serving (GPS) existe para glorificar a Cristo al equipar y movilizar a las congregaciones locales en apoyo a la misión que Dios les ha confiado, mediante el testimonio fiel, el discipulado, la instrucción bíblica y la participación intencional en la Gran Comisión.

Al asociarse con iglesias locales, GPS procura fortalecer el evangelismo bíblico, apoyar una sólida formación teológica, fomentar un funcionamiento saludable de la iglesia, equipar a creyentes y líderes para un ministerio fiel, y extender cuidado compasivo, afirmando que cuando las iglesias comprenden claramente su misión y se comprometen a cumplirla, su impacto se extiende de manera natural más allá de su propio contexto para la gloria de Cristo.

GPS visualiza iglesias locales que van creciendo para estar firmemente fundamentadas en la Biblia, espiritualmente saludables, activas en el evangelismo, comprometidas con la misión, compasivas y plenamente dedicadas a proclamar a Cristo, hacer discípulos y avanzar la Gran Comisión con fidelidad y gracia.

Gospel Partners Serving, Inc es una organización reconocida como 501(c)(3) sin fines de lucro por el Servicio de Rentas Internas de Estados Unidos.

https://gpsministries.org
president@gpsministries.org
+1 (727) 634-7944

Acerca del autor

Reiner González sirve junto a su familia como misionero a los hispanos. Es el fundador y presidente de *Gospel Partners Serving, Inc.*

Ha trabajado en la obra de Dios en diferentes países, teniendo parte tanto en la plantación como en la revitalización de iglesias, y posee una amplia experiencia en las áreas de evangelismo, discipulado, enseñanza, predicación y consejería.

Tiene una Maestría en Estudios Bíblicos en *Louisiana Baptist University*, una Maestría en Ministerio Cristiano en *Carolina University* y una Maestría en Divinidades en *Midwestern Baptist Theological Seminary,* donde se encuentra en la etapa de disertación del Doctorado en Ministerio Cristiano con Énfasis en Liderazgo.

Ha predicado en múltiples conferencias bíblicas sobre temas de evangelismo, avivamiento, familia y de misiones.

Made in the USA
Coppell, TX
20 June 2026

81288994R00080